I0756658

ESO

Lo-Que-Es

Lo que somos

Reinaldo Rodríguez Anzola

ESO - Lo-Que-Es – Lo-Que-Somos

©Reinaldo Rodríguez Anzola

2018

ISBN: 978-1728911946

rey253@hotmail.com

@RodríguezAnzola

@SobrelaVida

reinaldorodriguez@facebook.com

reinaldorodriguez.blogspot.com

ÍNDICE

A

Mi entrañable amigo

Juan Ignacio Lessmann Vera

ESO,

Lo-Que-Es,

es inefable

.1.

Somos Lo-Que-Es.

.2.

Sabemos que "somos". Somos "Eso", "Lo-Que-Es", pero no sabemos qué es Lo-Que-Es.

.3.

Nadie sabe qué es la vida, ni su sentido último, si es que lo tiene.

.4.

Ser es algo, es Lo-Que-Es, y sin
embargo no sabemos qué es algo, ni
qué es ser.

.5.

Somos Lo-Que-Es, pero Lo-Que-Es
es desconocido.

.6.

Lo-Que-Es, lo que somos, es
enigma

.7.

Lo-Que-Es existe siempre, no nace ni muere, en cambio nosotros nacemos con la conciencia que nos condiciona a barruntar qué es Lo-Que-Es.

.8.

Antes de la conciencia, sólo existía Lo-Que-Es, después de la conciencia, Lo-Que-Es incluye pensamientos y condicionamientos.

.9.

Desde el pensamiento, no existe ninguna verdad absoluta. Pero el pensamiento seguirá buscando verdades parciales.

.10.

Los sentidos dicen que eres algo,
pero no dicen qué es algo.

.11.

Lo-Que-Es, Algo, Tao, o Dios, es
desconocido y el pensamiento no
puede conocerlo.

.12.

Lo-Que-Somos es esa sensación de
ser algo, sientes, ves, oyes, saboreas
y hueles algo. Se sabe que los
sentidos no son fiables, pero son la
única relación con Lo-Que-Es.

.13.

Lo-Que-Es tiene que ver con la conciencia, porque sin conciencia nada hay. Podemos presumir que sin conciencia sigue habiendo algo, pero es conjetura.

.14.

Al hacerse complejo el reflexionar, la razón le puso nombre al misterio, al misterio del animal humano se le llama Ser. Al misterio de su origen se le dice Dios.

.15.

Imaginamos un ayer y un mañana, pero sólo están en la mente, el contacto con Lo-Que-Es, siempre es ahora.

.16.

Lo-Que-Es es lo que somos, y para ser dependemos de otros.

.17.

Nadie está separado de sus semejantes. Somos un solo Ser y una sola conciencia.

.18.

La vida no puede ser conocida, aunque esa vida que no podemos conocer es lo más evidente.

.19.

El conocimiento humano, ya lo dijo
Kant, tiene un límite insalvable: lo
fenoménico.

.20.

Algo sabemos de la vida porque se
presenta en tiempo y espacio,
diferente a su origen, que está más
allá del tiempo.

.21.

Los científicos dicen que somos
animales humanos, por tener una
base orgánica y otra cultural.

.22.

Todo indica que no surgimos de la
nada, y que la vida y la muerte son
parte del universo.

.23.

La vida no está separada de nada.
Viene de la naturaleza, a ella
pertenece, y con la cultura parecen
surgir mundos distintos.

.24.

De la naturaleza viene todo, vida,
cultura y muerte.

.25.

El animal humano viene de la naturaleza y a ella regresa.

.26.

La mente divide, crea mundos y hace olvidar que somos naturaleza.

.27.

La mente paraliza el devenir y hace creer que somos algo dado. Y no un proceso que no conocemos.

.28.

Para crear la sociedad se requiere la división entre cuerpo y mente. Por un lado, un organismo y, por el otro, un supuesto yo separado del cuerpo.

.29.

No existe un yo como autor de los pensamientos. El cuerpo, el yo y los pensamientos son un mismo proceso.

.30.

Al inicio fue el verbo, es la mentira con la que comienza la Biblia.

.31.

Somos una totalidad que se nos
escapa.

.32.

Somos entes ilusorios en el sentido
de sentirnos separados del cuerpo.

.33.

Somos manifestaciones de la vida.
La vida no nos pertenece, nosotros
pertenecemos a la vida.

.34.

Somos ignorantes, sin acceso a verdades absolutas. No vemos la totalidad que somos.

.35.

El pensamiento nos hace animales humanos, pero tiende a ser prisión.

.36.

Trascender el pensamiento, de alguna manera, libera de la cárcel de la mente.

·37·

Somos una unidad con la vida, hecha de agua, oxígeno, fuego, minerales, átomos y luz.

·38·

La mente es parte de la vida, y siendo Lo-Que-Es, la existencia puede vivenciarse, y hacerse una con la totalidad de la vida.

·39·

La realidad es lo desconocido. Al darle nombres: Dios, Conciencia, Naturaleza, Universo, Ser, Energía, Átomos, creemos conocer lo desconocido.

.40.

El pensamiento, como herramienta, es útil para acercarnos al enigma que somos.

.41.

La misma razón puede ver sus limitaciones e ilusiones. Puede ver la ficción del yo y la persona.

.42.

La vida que somos, nadie sabe por qué, creo la mente, la conciencia y el pensamiento.

·43·

Al ser creado el yo por el pensamiento, creemos conocernos, pero no somos la persona que creemos ser.

·44·

Para pensar nos sentimos separados de todo, pero no estamos separados de nada.

·45·

Al pensar nos sentimos libres, pero el libre albedrío, como lo conocemos, es ilusión.

.46.

El yo y la persona nacen con la
cultura, no con el cuerpo.

.47.

La mente que nos hace humanos es
la misma que hace del misterio un
problema causante de infelicidad.

.48.

En el silencio de la mente está la
clave para vivenciar la verdad sobre
la vida y la muerte.

.49.

Somos vida. Sabemos que estamos
vivos y sin poder decirlo sabemos lo
que somos.

.50.

Somos Lo-Que-Es: una totalidad
que se nos escapa.

.51.

Es posible vivir desde el misterio,
desde la ignorancia radical.

.52.

Eso, Lo-Que-Es, Lo-Que-Somos, es atemporal. En la realidad, "Lo-Que-Es" es sin tiempo.

.53.

Desde la mente, somos sujetos u objetos que hacen cosas. Nadie hace nada, todo lo hace el universo que no es sujeto ni objeto.

.54.

La mente crea conceptos y, al trascender el pensamiento, se ve la falsedad de los conceptos.

·55·

El misterio de la verdad última sobre las cosas nos acompañará siempre, somos enigmas.

.56.

La realidad de la unidad, que surge del despertar de la conciencia, nos beneficia a todos.

·57·

El vernos separados conduce a diferencias y conflictos.

.58.

Vivamos el eterno presente, aunque nostalgia y esperanza nos asedian.

.59.

Cuando el pensamiento sustituye a la vida se desvanece lo sagrado del vivir.

.60.

Somos todas las cosas porque ellas nos constituyen, pero desde el pensamiento, no sabemos qué es ninguna de esas cosas.

.61.

Es palpable que somos algún tipo de energía, pero la ciencia no sabe con exactitud qué es la energía.

.62.

Somos agua y materia porque la bebemos y comemos. Lo dicen nuestros fluidos y excrementos.

.63.

Somos aire porque lo inhalamos y exhalamos. ¿Seremos algo más?

.64.

Somos vida porque existimos.

.65.

Somos el universo porque nos constituyen sus mismos elementos.

.66.

Somos algo indefinible como la vida misma.

.67.

ESO, Lo-Que-Es, lo que somos, es
enigma y nuestra misión es enigma.

.68.

Con propiedad sólo podemos hablar
de sensaciones y visiones.

.69.

El sentido de la vida es no tener
ningún sentido.

.70.

Siempre hemos estado en el
universo, nuestra naturaleza última
no es nacer ni morir.

.71.

Al inicio, durante y al final de la
vida está el enigma, Eso, lo que
somos, Lo-Que-Es.

.72.

Somos eternos, solo nace y muere la
persona.

·73·

Persona es un concepto como el de perro, pero ningún perro comete el error de identificarse con esa invención humana.

·74·

El humano crea palabras, los otros animales solo viven.

·75·

La persona que creemos ser, cree que ser persona es más que ser y más que vivir.

.76.

Existe el animal que somos y no la
persona.

.77.

Señala Rafael Cadenas que vivimos
en un mundo finito e intuimos lo
infinito. Lo finito no puede
concebirse fuera de lo infinito.

.78.

Al inicio se vive sin conciencia y
somos persona para los demás, no
para el yo que todavía no existe.

.79.

El ilusorio yo hace suya una historia
personal comenzada por otros.

.80.

El yo sin sustancia es el centro de
nuestra vida.

.81.

Lo-Que-Es: una realidad que nos
supera.

.82.

El yo navega en una realidad que lo desborda.

.83.

Si el yo es una ficción ¿qué será el libre albedrío?

.84.

Los niños no criados por humanos no aprenden a pensar.

.85.

Sin lenguaje la persona no existe.

.86.

El niño vivencia el perenne presente y no lo sabe.

.87.

Con la palabra las cosas dejan de ser desconocidas y ya no asombran.

.88.

La persona al identificarse con el cuerpo teme morir.

.89.

El animal que somos nace sin creerse persona.

.90.

La persona cree estar separada de la naturaleza y del animal que somos, ¿ves lo absurdo?

.91.

El niño es el mundo ¡Regresemos al origen!

.92.

Lo esencial es la vida, no el yo.

.93.

El pensamiento es dual, compara y clasifica: grande y pequeño, bueno y malo, cuerpo y mente, vida y muerte, pero la dualidad no existe.

.94.

El pensamiento nos separa de la naturaleza y vanamente espera que la ciencia lo explique.

.95.

Vivimos en el lenguaje y con él creamos la realidad.

.96.

El yo no existe y ¡qué difícil es negarlo!

.97.

Recuerda, se nace sin conciencia.

.98.

El libre albedrío, como se le entiende, es ilusión.

.99.

Al surgir la conciencia, y la identificación con el yo, surgen los otros.

.100.

No hay nada externo, seguimos
siendo naturaleza.

.101.

El pensamiento divide la unidad.

.102.

Nos relacionamos con imágenes,
nunca con la realidad.

.103.

La persona es una creación de la
mente para vivir en sociedad.

.104.

Es de sabios no identificarse con la
persona.

.105.

Se vivencia la vida cuando la
persona no está.

.106.

Vive eternamente quien vive en el
presente, dijo Wittgenstein.

.107.

Nadie ha encontrado una persona,
ni la ha visto, y menos demostrado
su existencia.

.108.

Se teme vivir porque es acercarse a
la muerte.

.109.

Crear vidas después de la muerte y dioses para lo inexplicable son excesos de la mente.

.110.

Despertar es ver que no hay persona que despierte.

.111.

Lo-Que-Es está siempre presente y la verdad está siempre en nosotros.

.112.

Las palabras, por ser los límites del animal que somos, ocultan el enigma.

.113.

En el silencio está la nada que lo es todo.

.114.

El pensamiento supura una realidad.

.115.

¡Utiliza el pensamiento para escapar de su prisión!

.116.

¡El sufrimiento psicológico es exclusivo del animal que somos!

.117.

¡Misteriosa la relación entre el yo y las cosas!

.118.

Sujeto y objeto son partes de un mismo proceso.

.119.

Recuerda Krishnamurti: el observador es lo observado.

.120.

Que todo esté formado por átomos ¿no es prueba de la unidad de todo?

.121.

La realidad última no es tangible ni
se ve.

.122.

La ciencia no ha podido establecer
la diferencia entre materia y
energía.

.123.

La materia es quizá el mayor
misterio.

.124.

En el silencio, el mundo-dual
desaparece.

.125.

Todo está entrelazado y nosotros, al
formar parte del todo, somos vida y
somos mundo.

.126.

Al silenciarse la mente adviene
ESO, Lo-Que-Es, Lo-Que-Somos.

.127.

Un perpetuo devenir nos hace.

.128.

El cese del pensamiento es una experiencia inefable.

.129.

ESO, "Lo-Que-Es" es: energía, espíritu, nada.

.130.

No sabiendo Lo-Que-Somos lo llamamos yo.

.131.

La separación es ilusoria: el "otro" soy yo mismo.

.132.

La historia la escribe el universo a través de nosotros.

.133.

Nosotros no escribimos el guion que en nosotros se actualiza cada día.

.134.

Saber que no somos libres nos hace más libres que aquellos que creen serlo.

.135.

Ver los condicionamientos es liberador: se sale de la prisión del pensamiento.

.136.

Sólo existe el ahora.

.137.

Al ver Lo-Que-Es se da la epifanía del ahora.

.138.

La conciencia está en las cosas. En Lo-Que-Es.

.139.

Nadie se ilumina, la iluminación sucede.

.140.

Si la persona es ficticia, ¿quién puede iluminarse?

.141.

Somos Lo-Que-Es, la misma realidad, la misma conciencia.

.142.

La mente como parte no puede ver
la totalidad.

.143.

Nadie sabe nada sobre las
ultimidades de la vida y la muerte.

.144.

Si todo viene de la naturaleza, y nos
ha sido dado, nada es nuestro.

.145.

Todo indica que el tiempo es una invención de la mente.

.146.

Somos producto de la paradoja de ser sujeto y objeto de toda pregunta.

.147.

Somos algo que vive, respira y evoluciona sin intervención nuestra.

.148.

Si estás en busca del sentido de la
vida es porque no estás viviendo
plenamente.

.149.

La vida regala todo, pero el yo
quiere más.

.150.

La vida se va mientras tratamos de
ser lo que ya somos.

.151.

Cree en milagros quien deja de ver
el milagro de la vida.

.152.

Somos algo más vasto y complejo
que el efímero yo.

.153.

Creencias compartidas pasan por
verdades.

.154.

Antes de nacer éramos nada, ahora creemos ser algo, pero volveremos a ser nada, ¡Qué alivio!

.155.

Es triste sustituir la vida por ideas.

.156.

Vivir desde el pensamiento es cambiar la vida por interpretaciones.

.157.

Para el goce del vivir no es
necesario pensar.

.158.

La felicidad emana de la aceptación
de Lo-Que-Es con sus enigmas.

.159.

Lo más maravilloso de la existencia
está en la conciencia de la propia
existencia.

.160.

Ser testigo modifica la percepción
del mundo.

.161.

Hay alegría en la actividad del
cosmos.

.162.

Lo-Que-Es puede ser doloroso, pero
al trascender el pensamiento los
calificativos sobran.

.163.

Comprueba que es posible quedarse sin pensamientos.

.164.

Sin pensamientos desaparece el mundo-dual, pero no Lo-Que-Es.

.165.

Todo pensamiento está condicionado y nunca es la realidad.

.166.

Creer o no creer en Dios es lo mismo, crees que crees o crees que no crees.

.167.

Se cree en algo como opuesto a lo otro, y ambos son falsos.

.168.

No estamos condenados a creer el algo, se puede decir no sé.

.169.

Dios es conjetura, se afirme o niegue su existencia.

.170.

Tus pensamientos no perturban a Dios.

.171.

Mientras menos pensamientos menos condicionamientos.

.172.

Aceptar el enigma de Lo-Que-Es
nos hace humildes.

.173.

A la inefable totalidad de la vida la
llaman Dios.

.174.

El cese del pensamiento no puede
ser demostrado ni enseñado.

.175.

No perder el asombro del vivir
beneficia a la existencia.

.176.

La felicidad surge cuando la
persona no está.

.177.

Para gozar la vida hay que aceptar
su cuota de dolor.

.178.

Nunca seremos felices sino lo somos de inmediato, en eso coinciden epicúreos y estoicos.

.179.

La felicidad infinita es la misma del instante presente, cualquier otra es invención de la mente.

.180.

Te acercas a la felicidad cuando renuncias a ella.

.181.

Como quiera que sea la vida es
buena, decía Lineo.

.182.

La angustia del vivir es parte de
nuestra naturaleza, recuerda
Nietszche.

.183.

Estamos destinados a creer lo que
creemos querer voluntariamente.

.184.

La existencia es lo asombroso.

.185.

Somos hechos y no hacedores.

.186.

Cualquier borracho sabe que somos
nada, sólo los cuerdos lo olvidamos.

.187.

Señala Schrödinger: Eres todo con todo. La vida no es un fragmento del acontecer mundial, sino la totalidad.

.188.

Reconocer, sentir y querer, numéricamente es sólo "uno", agrega Schrödinger.

.189.

La estupidez predomina. En unos por ignorancia y en otros no sabemos por qué.

.190-

Si todavía crees ser el hacedor, no
has entendido nada.

.191.

La muerte es el final del yo y no el
fin de la vida.

.192.

La muerte es hermosa, dice Osho,
para aquellos que han vivido de
forma bella.

.193.

Quien teme morir, teme vivir.

.194.

La única forma de gozar la vida es aceptándola con sus horrores.

.

.195.

Más allá del pensamiento está la libertad de no estar atado a nada, ni desear nada.

.196.

El objetivo de la vida del animal que somos es vivirla con la misma gracia que una rosa es una rosa.

.197.

"Me declaro incapaz de entender qué es lo que queremos decir cuando afirmamos que hemos comprendido la naturaleza". Heisenberg

.198.

"Somos la máxima creación de la naturaleza, pero no por ello menos siniestros" Ángel Cristóbal Montes

.199.

Lo que puede pensarse tiene que ser ciertamente una ficción". Nietzsche

.200.

Cualquier pensamiento es inferior al hecho de que haya pensamientos, de que se produzcan, o inferior al hecho de que podamos ver o tocar o escuchar o inferior de respirar. Rafael Cadenas

.201.

Cuando el pensamiento no lo oculta, el misterio resplandece.

.202.

"La experiencia mística no es sino darte cuenta de tu total relación física con el universo."
Alan Watts

.203.

"Lo místico es el mero acto de estar aquí, ahora, completo en sí mismo".
Salvador Pániker

.204.

Lo místico es quedar fuera del engaño de la mente. Es percatarnos de que la realidad creada por el pensamiento no existe.

.205.

"Vivo consolidando el misterio que surge de mis entrañas". Y como dice el poeta Jesús Enrique Barrios: "No lo sé ni lo sabré jamás, y no me importa",

.206.

Algunos de los más grandes físicos modernos: Heisenberg, Schrödinger, Einstein, Jeans, Planck, Pauli, Eddington, fueron de alguna manera místicos.

.207.

Ni la vida ni la muerte son problemas, son misterios para vivirlos.

.208.

Nuestro cuerpo es más misterioso que nuestra mente. Lo que pasa es que podemos estudiar su comportamiento fenoménico sin tener nunca que vérnoslas con el misterio subyacente. Eddington

.209.

Siguiendo a Salvador Pániker, lo místico es una superación del lenguaje, que propicia una comunicación supra simbólica con lo real. Se relaciona "no con lo que se cree, sino con lo que excede a toda creencia".

.210.

Lo místico es esta libertad vacía que arranca de la supresión de la anestesia del lenguaje. Lo místico es post-lógico, no pre-lógico. Lo místico es lo real, inexpresable simbólicamente". Salvador Pániker

.211.

Raimon Panikar: La gran crisis de la Religión en el mundo contemporáneo se debe a la pérdida del sentido místico de su esencia. Una religión sin mística se reduce a una ideología.

.212.

"¡Bendito sea el milagro que hace que esto sea! ¡Esto es! Esta improbable e innegable Vida".
François Cheng

.213.

Cotidianamente, realidad y verdad se confunden y la poesía trabaja y surge siempre de esas confusiones.
María Fernanda Palacios

.214.

"No debemos desmayar ante la incertidumbre, sino, por el contrario, abrazarla."
Ismael Cala

.215.

Camus:
"Juzgar que la vida vale o no la pena de que se la viva es responder a la pregunta fundamental de la filosofía."

.216.

La certidumbre es enemiga de la libertad.

.217.

Se es sabio y feliz desde el no saber.

.218.

Para crecer espiritualmente, deja de creer.

.219.

No sé qué es un grano de arena ni una brizna de hierba.

.220.

Sin capacidad de asombro no hay curiosidad.

.221.

Pierdes curiosidad al creer que sabes.

.222.

La felicidad es ahora o nunca.

.223.

El conocimiento se adquiere,
la sabiduría se vive.

.224.

Fluir con la vida es confiar en el
trabajo que la vida hace por sí
misma.

.225.

Hacer siempre nuestro mejor
esfuerzo y aceptar sus resultados es
fluir con la vida.

.226.

Sin el pensamiento queda la vida.

.227.

Cuando el animal que somos se percata de no ser lo que creíamos ser, nos hacemos uno con el fluir de la vida.

.228.

Sólo existe el ahora y en ese ahora, que es silencio, está la epifanía de Lo-Que-Es.

.229.

Vida y conciencia son manifestaciones del enigma que nos constituye: el perpetuo devenir que nos está haciendo.

.230.

Por razonables que sean los enunciados, de ser ciertos son penúltimos, pues lo último siempre incierto es.

.231.

"¡Todos los días soy yo,
pero qué pocos días soy yo!"
Juan Ramón Jiménez

.232.

El yo como centro de lo que sucede se escinde ilusoriamente de la totalidad.

.233.

El niño, a diferencia del adulto, vive
la totalidad de la vida.

.234.

Raimer María Rilke:
Felices aquellos que saben que
detrás de todas las palabras hay lo
que no se puede decir.

.235.

Constata lo que no es verdad y te
acercarás a la realidad.

.236.

Quizás las ideas no sean de nadie, o sean de todos, o sean del todo, o nosotros de ellas.
Benito Peral

.237.

"Puedes arrojarte de bruces al suelo, extendido sobre la madre tierra, con la segura convicción de que eres uno con ella...Tan seguro como que ha de devorarte mañana."
Schroedinger

.238.

"No te preocupes, muy pronto nadie se acordará de ti, y tú de nada te acordarás"
Marco Aurelio

.239.

"¿Tú verdad? ¡No, la verdad, y ven conmigo a buscarla! La tuya guárdatela"
Antonio Machado

.240.

Y se me escapa la vida, ganando velocidad, Como piedra en su caída.
Jorge Guillén

.241.

Los colores no existen fuera de nosotros.

.242.

Yo no lo entiendo:
Lo real tiene como fundamento la vacuidad.

.243.

En contra de la opinión generalizada,
y según muchos científicos, como
Einstein, el universo no es infinito.

.244.

Al igual que el cosmos, la materia
está fundamentalmente compuesta
de vacío.

.245.

Para la mente, la nada no existe
porque ella no puede concebir un
no-espacio y un no-tiempo.

.246.

¡Asómbrate! Ningún pensamiento
es la cosa de la cual se habla.

.247.

Habrá mayor paradoja que la de ser sujeto y objeto de toda búsqueda.

.248.

El qué, lo-que-es, siempre se escapa.

.249.

La respuesta a cualquier pregunta última es no sé.

.250.

Hemos sido observadores del mundo. Ya es hora de observar al observador.

Vivenciar la vida, con sus maravillas y horrores, es la epifanía de Lo-Que-Es.

"Volar, con la tierra, hacía la lejanía infinita", ¿no es acaso poético?

Autores consultados

Este texto tiene influencia de Heráclito, Parménides, Krishnamurti, Laotsé, Buda, Sócrates, Einstein, Ramana Maharshi, Osho, Nisargadatta Maharaj, Ramesh Balsekar, Descartes, Kant, Nietzsche, Wittgenstein, Comte-Sponville, Cioran, Montaigne, Rafael Cadenas, Eckhart Tolle, Jeff Foster, entre otros. Igualmente, tiene aportes filosóficos, literarios y poéticos de mis tertulias con Jesús Enrique Barrios y Florencio Sánchez.

Sobre el autor

Reinaldo Rodríguez Anzola ha explorado cuestiones filosóficas, científicas y místicas, y ha sido columnista de los diarios El Nacional y El Impulso en Venezuela. También, doctor en derecho, montañista, lector, observador, amante y peregrino. Tiene cinco hijos y sobrevive en Caracas.

Petición

Amiga o amigo lector, agradezco tu comentario, preferiblemente en amazon, al lado del libro o enviado a estos correos:

viviressuficiente@gmail.com

rey253@hotmail.com.

Igualmente, estoy en disposición de conversar por esa misma vía sobre estos temas.

Sin costo, ofrezco mi colaboración para publicar en amazon.

Otros libros del autor

La vida un misterio
tremendamente hermoso
¡Qué vaina tan buena es vivir!
ISBN:980-12-0853-8 (agotado)
Prólogo de Jorge Portilla

¡DISFRUTA AHORA!
Es más tarde de lo que piensas
–A la luz de la sabiduría
de Einstein y Rafael Cadenas–
amazon.com/dp/b00ds76c04
Papel ISBN: 9781973534631
Prólogo de Jesús Enrique Barrios
Palabras de Rafael Cadenas

A la luz de la sabiduría
amazon.com/dp/b00Fi7LPFE
Papel ISBN: 9781973452560
Prólogo de Jorge Portilla
Presentación de Rafael Cadenas
Palabras de José pulido

Vivir y nada más
amazon.com/dp/b00gazork8
Papel ISBN: 9781980417392
Prólogo de Jorge Portilla

Razones para ser feliz
¡Cómo lograrlo!
amazon.com/dp/b00h3wyt8w
Prólogo de José Pulido
Papel ISBN: 9781973250449

Tú no existes
amazon.com/dp/b00hwm712o
Prólogo de Bill Quik
Papel ISBN: 9781720010098

Vida y Conciencia
amazon.com/dp/b00i5pbh6i
Papel ISBN: 9781720195986

¿Qué somos?
amazon.com/dp/b00ijb8lus

¿Sabemos algo?
amazon.com/dp/b00ig6fn3E
Papel ISBN: 9781724116376

¿Somos libres?
amazon.com/dp/b00iopsgmc

Lo-Que-Es
amazon.com/dp/B00I5PBH6I

Pensamiento y silencio
amazon.com/dp/b00Lfq7dbw

¡Despiértate!
La vida es una fiesta
o un paseo ¡escoge!
amazon.com/dp/b00muz7yji

Vida y Muerte
amazon.com/dp/b00oijns5s

Reasons to be happy
How to achieve it!
amazon.com/dp/b00ty4kw7e
Inglés / Español
Prologue: José Pulido

Ragioni per essere felici
Come riuscirci!!
amazon.com/dp/B00qnw1r2o
Italiano / español
Palabras de José Pulido:
Reinaldo e la felicità

¿Pretendes ser feliz?
La felicidad en 7 capítulos
amazon.com/dp/b00vghzwr2
Papel ISBN: 9781976948411

A....Z infinito de la vida
amazon.com/dp/b01326y5pe

Vida Plena
amazon.com/dp/b01bpxuy56

Vivir Amar Gozar y Reír
amazon.com/dp/b015wmbeua

Amar ...colma de gozo
amazon.com/dp/b01cwl9m1a

You do not exist
Bilingual English-español
amazon.com/dp/b01abhgk5a

Being happy
English-Deutsch-Italiano-español
amazon.com/dp/B01B336ox4
Papel ISBN 1549825445

La vida tal como es
amazon.com/dp/B01EOLZTE6

GRÜNDE ZUM GLÜCKLICHSEIN
Wie erreicht man das!
amazon.com/dp/B0169P75ZM
Traducción al alemán:
Herlinda Stockner
Papel ISBN: 9781719954921

¿Sabes Vivir?
amazon.com/dp/B01FLERNMC

Si Dios existiera
amazon.com/dp/B01hc5i9ps
Prólogo de Jorge Portilla
Papel ISBN: 9781977049933

Incertidumbres
amazon.com/dp/B01ICKV9H2

No-Saber
amazon.com/dp/ B01LWZOI20

Espiritualidad
amazon.com/dp/B01N3R0WUM

Verdades
amazon.com/dp/B01NA9HJQC
Papel ISBN: 9781973250449

Asertos y Preguntas
amazon.com/dp/B01N9JT35N

Truths?
¿Verdades?
amazon.com/dp/B01MTGH4PO

Inteligencia
amazon.com/dp/B06XCF815Z

Ser - Presencia
amazon.com/dp/B07283HFST
Papel ISBN 9781521446485
Prólogo de Jorge Portilla
Papel ISBN: 9781521446485

¡Asómbrate!
Somos enigmas
amazon.com/dp/B073YM7YN8
Papel ISBN 9781521871447
Prólogo de Jorge Portilla

Ilusión - Presencia
amazon.com/dp/B077PVLRM7
Papel ISBN 9781973369431

DIOS – Habladurías
amazon.com/dp/B06WRRXJVQ
Papel ISBN 9781520599144
Prólogo de Jorge Portilla

Intelligence
amazon.com/dp/B075PKY61Y
Papel ISBN 9781549765605

Realidad - Presencia
amazon.com/dp/B079Z2FXWM
Papel ISBN 1980671346

Rafael Cadenas
amazon.com/dp/B079T1BQ1V
Papel ISBN: 9781718178748
Prólogo de Freddy Castillo Castellanos

Presencia Ser-Ilusión-Realidad
amazon.com/dp/B07ckl5wjh
Prólogo de Jorge Portilla

Presencia no-dual
amazon.com/dp/B07CZV36Q5
Prólogo de Jorge Portilla
Papel ISBN: 9781723833304

¿Qué somos? ¿Somos libres?
¿Ser polvo sideral no es, además,
poético?
amazon.com/dp/B07JD7FBH4
Papel ISBN: 9781728817163